PROSPER FALGAIROLLE

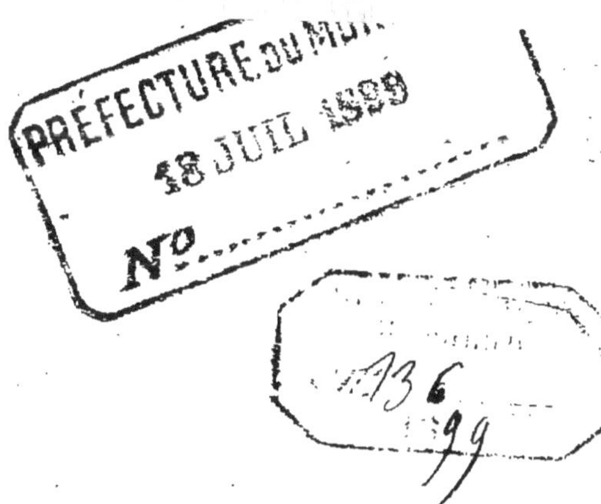

# LES

# FIEFS DU DIOCÈSE DE NIMES

## EN 1689

VANNES

IMPRIMERIE LAFOLYE

—

1899

# LES

# FIEFS DU DIOCÈSE DE NIMES

## EN 1689

VANNES

IMPRIMERIE LAFOLYE

1899

# LES FIEFS DU DIOCÈSE DE NIMES

## EN 1689

*Le document que nous publions, tiré des Archives de l'ancien présidial de Nîmes, a une grande importance, parce qu'il nous fait connaître la noblesse de ce diocèse à la fin du XVIIe siècle, et les fiefs qu'elle possédait. Il a aussi un autre intérêt, économique celui-là, car il nous permet d'apprécier les revenus des possessions terriennes du diocèse. Sans doute dans leur déclaration, les possesseurs de fiefs n'ont peut-être pas été toujours sincères, c'est ce qui explique la variabilité des taxes établies. Mais on peut cependant, avec ce document, se faire une idée des ressources de la Noblesse du Bas-Languedoc.*

*D'un autre côté, cet Etat de taxes sur des biens nobles, d'après leur revenu, n'est-il pas un avant-coureur de l'impôt sur le revenu que l'on voudrait établir aujourd'hui[1] ?*

[1] Les lettres A. C., et N. C., qui suivent la taxe, signifient : *Ancien catholique*, ou *Nouveau converti*.

*Etat des Taxes faites par Messieurs les commissaires des bureaux du domaine du diocèse de Nismes, sur les nobles du diocèse de Nismes, et autres possesseurs des fiefs et biens nobles du dit diocèse.*

*Du 19ᵉ avril 1689.*

1. — Noble Louis DE BERARD, seigneur de Bernis, pour les fiefs et biens nobles qu'il possede en la seneschaussée de Nismes, consistant aux terres de Bernis, Nages, Solorgues, l'Isle de Castelet et autres biens nobles, esnoncés en sa déclaration, le tout de huit mil cinquante livres de revenu.

*Il est inhabile.*

*Taxé : cent cinquante livres.— A. C.*

2. — Noble Jacques DE BOILEAU, seigneur de Castelnau, habitant de Nismes, pour ses fiefs de Castelnau et Languissel, enoncés en sa declaration, du revenu de huit cens livres.

*Taxé : cent livres. — N. C.*

3. — Noble Jacques DE BAUDAN, seigneur de Cabanes, habitant de Nismes, pour son fief de Cabanes, du revenu de neuf cens livres.

*Taxé : cent dix livres. — N. C.*

4. — Noble Pierre DE LA FARELLE, habitant de Nismes, pour son fief de Vedelen et quelques fonds nobles qu'il possede au terroir de Nismes, le tout d'un revenu de trois cens livres.

*Taxé : trente livres. — N. C.*

5. — Noble Claude DES PIERRES, sieur de la Marine, habitant de Nismes, pour un pred noble qu'il possède au terroir de Nismes, et quelques directes sur des maisons

et fonds de la dite ville, le tout du revenu de quatre vingts livres.

*Taxé : trente livres. — N. C.*

6. — Noble Pierre DE BANE, sieur de Mongros, habitant de Nismes, ne possédant aucun fief, ni biens nobles, suivant sa déclaration.

*Taxé : vingt livres. — N. C.*

7. — Dame Catherine DE LA GRANGE, veuve de noble Pierre DE VILLAR, seigneur de Vallongue, pour le fief de Vallongue, qu'elle possède et la conseigneurie de Gajan, le tout de sept cent cinquante livres de revenu.

*Taxé : cent livres. — N. C.*

8. — Noble François DE GALLY DE GAUJAC, habitant de Nismes, pour le fief de Gaujac, près du Vigan, et quelques fonds nobles au terroir de Langlade, le tout du revenu de cinquante livres.

*Taxé : vingt livres. — N. C.*

9. — Noble Jean DE GENAS, sieur de Pierredon, habitant de Nismes, a déclaré n'avoir point de fief.

*Taxé : vingt livres. — N. C.*

10. — Noble Rostan BONNAL, habitant de Nismes, a déclaré n'avoir point de fief.

*Taxé : vingt livres. — N. C.*

11. — Noble Pierre SERRE, seigneur de Saint-Cosme, habitant de Nismes, possède les fiefs de Saint-Cosme et Ardezan, du revenu de quatre-vingt-dix livres.

*Taxé : trente livres. — N. C.*

12. — Noble Jean DE ROCHEMORE de Ledignan, habitant de Nismes, n'a point de fief.

*Taxé : cinquante livres. — N. C.*

13. — Noble Louis DE ROCHEMORE DE SAINT-JEAN, habitant de Nismes, n'a point de fief.

*Taxé : trente livres. — N. C.*

14. — Noble Louis DE BRUEYS de Puechferrier, habitant de Nismes, n'a point de fief.

*Taxé : cinquante livres. — A. C.*

15. — Demoiselle Blanche D'ALBENAS, veuve de noble Pierre Valette, de la ville de Nismes, possède quelques directes du revenu de dix livres.

*Taxé : vingt livres.*

16. — Noble Claude D'ARNAUD, sieur de la Cassagne, habitant de Nismes, n'a point de fief.

*Taxé : trente livres. — N. C.*

17. — Noble Jean-Jacques DE VIGNOLLE, sieur d'Aubignac, habitant de Nisme, possède la terre d'Aubignac, de trois livres de revenu.

*Taxé : trente livres.*

18. — Noble Charles DE BOILEAU, sieur de Vignargues, de la ville de Nismes, possede du chef de sa femme, le fief de Pomperdu, aux Sevénes, qu'il a déclaré estre de nul revenu.

*Taxé : trente livres. — N. C.*

19. — Sieur Charles GALOFFRE, habitant de Nismes, pour trois cinquiemes de la meterie noble de Languissel, scituée au terroir de la dite ville, les d. trois cinquiemes du revenu de...

*Taxé : cent livres. · N. C.*

20. — Mᵉ Anthoine LAHONDES, advocat de la ville de Nismes, possede une portion de jurisdiction, dans le terroir du lieu de Saint-Jean de Gardonnenque, qu'il a déclaré estre de nul revenu.

*Taxé : vingt livres.*

21. — Mᵉ Louis VEROT advocat, habitant de Nismes, possede quelque fonds noble, aux terroirs des lieux de Bernis et d'Aubord, du revenu de soixante livres.

*Taxé : vingt livres.*

22. — Noble Pierre DE JOSSAUD, de la ville de Tarascon, pour quelques fonds nobles, par luy possédés au lieu d'Aramon, du revenu de cinquante livres.

*Taxé : trente livres. — A. C.*

23. — Noble Jacques DES ROYS, conseigneur de Lédignan, habitant de la ville de Beaucaire, possede la conseigneurie du d. Ledignan, de soixante livres de revenu.

*Inhabile.*

*Taxé : quarante livres. — A. C.*

24. — Noble Honnoré DE GUIBERT, sieur de la Rostide, habitant de Beaucaire, possede des directes dans la dite ville de cinq livres de revenu.

*Inhabile.*

*Taxé : vingt livres. — A. C.*

25. — Noble Armand-René DE POURCELLETS Maillane, seigneur de Saint-Paul et d'Arboux, habitant de Beaucaire, inhabile, possede le fief de Saint-Paul qu'il a déclaré estre de nul revenu.

*Taxé : cinquante livres. — A. C.*

26. — Noble Jean-Louis DE CALVIERE, sieur de Massillargues, habitant dudit lieu, possède les fiefs de Massillargues, et une meterie noble apellée Saint-Roman, le tout du revenu de vingt livres.

*Taxé : trente livres. — A. C.*

27. — Noble Henry DE GINESTOUS, sieur d'Argentières, viguier du Vigan, possède le fief d'Argentières, et quelques fiefs et directes dans le terroir du Vigan, du revenu de.

*Taxé : cinquante livres. — A. C.*

28. — Noble Jean DE BOYER. sieur de Castelrey, habitant du Vigan, n'a point de fief.

*Taxé : vingt livres. — N. C.*

29. — Noble Jean DE CALADON, sieur du Bouisset, du lieu d'Aulas, possède une terre et vigne noble du conténement de deux cesterées, et la directe d'un domaine rural scitué audit lieu, le tout du revenu de quatre livres.

*Taxé : vingt livres. – N. C.*

30. — Noble Jean DE ST-JULLIAN, sieur de Corbieres, habitant de la paroisse de St-Jullian de la Nef, viguerie du Vigan, n'a point de fief.

*Taxé : vingt livres. — N. C.*

31. — Noble François DE CALADON, sieur du Cailou, du lieu de Breau, paroisse d'Aulas, possède au terroir dudit lieu, des fiefs du revenu de trente livres.

*Taxé : trente livres. — N. C.*

32. — Noble Alexandre DU PUY DE GRANGERES, sieur de Mandagout, demeurant audit lieu, possède du chef de la dame sa femme, la moitié de la terre de Mandagout, du revenu de quatre cens livres.

*Taxé : cent livres. — N. C.*

33. — Noble Guillaume D'ASSAS, sieur del Mas, demeurant à la paroisse de Saint-Bres, y possède une métairie au terroir de la d. paroisse, laquelle est noble en partie, avec juridiction, du revenu de dix-huit livres.

*Taxé : trente livres.*

34. — Dame Ysabeau DE GINESTOUS de Madiere, demeurant au Vigan, possede le fief de Madiere, en toute justice, et de fonds noble et droit dependans de ladite terre, le tout du revenu de trois cens dix huit livres dix sols.

*Taxé : soixante livres.     A. C.*

35. — Noble François DE BILANGES, de la ville de Vigan possede les fiefs du Bourg Peiraube et du Vilaret, du revenu de vingt-cinq livres.

*Taxé : trente livres.*

36. — Noble dame DE VISSEC, demeurant au lieu d'Aumessas, n'a point de fief.

*Taxé : dix livres.*

37. — Noble Henry BRINGUIER, sieur de la Paillole, de Saint-André de Valborgne ne possede aucun fief.

*Taxé : vingt livres — N. C.*

38. — Noble François DE TOURTOULON, seigneur de Valescure, possede en toute justice le château et domaine de Valescure, et quelques droits sur les habitans de la Faisolle, du revenu de vingt cinq livres.

*Taxé : trente livres.*

39. — Noble Charles DE LAS COURS (la Cour) sieur de la Billere demeurant au Vigan, possede le fief de las Cours pres du Vigan, du revenu de 25 livres.

*Taxé : trente livres.*

40. — Noble Aymard DE BRINGUIER, sieur du Rovier, de la ville du Vigan, possede quelques directes sur un hameau apelé les Fons, paroisse de Molieres, du revenu de dix livres.

*Taxé : vingt livres.*

41. — Noble Henry DE SALVAIRE, sieur de Rouville, de Saint-Jean de Gardonnenque, possede le fief de Rouville, de nul revenu.

*Taxé : vingt livres.*

42. — Dame Antoinette DE GUIRAN, veuve de noble Claude Dolon, sieur de Ners, possede ladite terre de Ners, ou elle habite, de cent cinquante livres de revenu.

*Taxé : soixante livres.*

43. — Noble Pierre DE REBOUTIER, sieur de Suelhes, de Saint-Jean de Gardonnenque, possede les fiefs de Suelhe et du Lauret et quelque fonds noble audit lieu, le tout du revenu de soixante quinze livres.

*Taxé : trente livres.*

44. — Demoiselle Jeanne DE VIGNOLLE, veuve de noble Louis de Brunel, heritiere de Jean de Saurin, conseigneur de Bagars, demeurant audict lieu, possede la moitié d'un domaine scitué au terroir dudict lieu de Bagars, et jouit de quelques directes aussi audict lieu, le tout du revenu de vingt cinq livres.

*Taxé : vingt livres.*

45. — Noble Jean-Jacques DE TOURTOULON, seigneur de Bannieres, demeurant à St Jean de Gardonnenque, possede des fiefs et biens nobles, dans la paroisse de St Martin de Canselade et St Jean de Gardonnenque, du revenu de deux cens livres.

*Taxé : cinquante livres.*

46. — Noble Pierre DE TOURTOULON, sieur des Vanelz, demeurant au dit lieu de St Jean de Gardonnenque, na point de fief.

*Taxé : vingt livres.*

47. — Noble Daniel BROCHE, sieur des Barbuts, parroisse de St André de Valborgne, possede le fief des Barbuts, et quelques fonds nobles et directes enoncés en sa requeste, du revenu de cent quarante livres.

*Taxé : quarante livres. — N. C.*

48. — Noble Jean DU PONT, sieur des Bonnels, du lieu d'Aumessas, possede quelques directes dans la paroisse d'Arrigas de quatre livres de revenu.

*Taxé : vingt livres.*

49. — Dame Françoise DE VILLAR DE VALLONGUE, veuve et heritiere à noble Guillaume de Borrelly, sieur de Roqueserviere, possede le fief de Roqueserviere, et quelques fonds nobles et directes dans la ville d'Alès, et au lieu de St Illaire du Bremas, du revenu de cinquante livres.

*Taxé : trente-deux livres. — N. C.*

50. — Noble Fulcran DE ROQUEFUEIL, vicomte de Gabriac, habitant à son château de la Roque, au diocèse de Montpellier, pour les fiefs et biens nobles qu'il possède en la sénéchaussée de Nismes consistans aux terres de Montguillen, Arènes, la Bedosse, Larnac et autres, du revenu de mil livres à Nismes et autant à Montpellier.

*Taxé : cent cinquante livres. — A. C.*

51. — Noble Philippe DE FERRIER, de la ville de Beaucaire, inhabile, déclare n'avoir point de fief.

*Taxé : vingt livres. — A. C.*

52. — Noble André DES ROYS, de la ville de Beaucaire, inhabile, declare navoir aucun fief, ny biens nobles.

*Taxé : vingt livres.*

53. — Noble Jean DURANC, seigneur de Valfons, de la ville de Sauve, déclare posséder du chef de sa femme, un champ noble, de valleur de deux livres de rente annuelle.

*Taxé : vingt livres.*

54. — Noble Louis D'ALBIGNAC, sieur de la Fabregue, du lieu d'Arrigas, inhabile, declare ne posseder aucun fief, ny biens nobles.

*Taxé : vingt livres.*

55. — Noble Raymond CHANCIERGUES DU BORT, natif de la ville du Saint-Esprit, inhabile, déclare ne posseder aucun fief ny biens nobles.

*Taxé : vingt livres.*

55. — Noble Pierre DE LA VALETTE, prestre et prieur d'Aumessas, declare pour les enfans de feu noble Jean-François de la Valette, son frère, qu'ils jouissent un petit flef scitué au lieu de Bez, près le Vigan, qui ne leur produit aucun revenu.

*Taxé : vingt livres.*

57. — Jacques DE ROGIER, de la ville de Beaucaire, inhabile, ne possédant aucun fief ny biens nobles. — *A. C.*

58. — Sʳ Jean DUPUY, escuier de la ville de Beaucaire, inhabile, ne possédant aucun fief ny biens nobles.

*Deschargé attendu la pauvreté. — A. C.*

59. — Sʳ Jean DE PILLET, de la ville de Beaucaire, déclare qu'il vit noblement, faisant profession des armes, naiant aucuns fiefs ny biens nobles.

*Taxé : vingt livres. — A. C.*

60. — Sʳ Bauzille FONTFROIDE de la ville de Nismes, inhabile, ne possédant aucun fief ny biens nobles.

*Taxé : vingt livres. — N. C.*

61. — Dame Anne LE BLANC DE LA ROUVIERE, femme de noble François Annibal de Grille de Rochemore, déclare qu'elle possède en toute justice la terre de la Rouviere, qui luy donne annuellement, en censives de rente trente-cinq livres, et en revenu du bien noble trente-huit livres; ensemble partie de la juridiction de Gajans, sans directe ny bien noble.

*Sursis, rendra le certificat de service de son mari.*

62. — Noble Albert DE BAUDAN-VILLENEUVE, de cette ville de Nismes, déclare ne posséder aucuns fiefs, ny biens nobles.

*Deschargé attendu sa pauvreté. — N. C.*

63. — Noble Jacques DE BONAIL, inhabile, de cette ville de Nismes, declare navoir aucuns fiefs, ny biens nobles.

*Deschargé attendu sa pauvreté. — N. C.*

64. — Sʳ Jean-Jacques DE PASCAL, sieur de la Reiranglade, habitant de Nismes, déclare qu'il possède noblement le terroir de la Reiranglade, dans la juridiction de Fourques, pour lequel il sert annuellement au Roy un cheval armé, apprécié à trois cens livres, qu'il paye au trésorier du domaine, ledit terroir estant de cinq cens livres de revenu annuel.

*Deschargé, attendu qu'il paye annuellement 300 livres pour le ban et arrierre-ban.*

65. — Noble Marc-Antoine DE DURAND (du Ranc), seigneur de Vibrac, déclare qu'il possede dix-huit portions des septante-deux faizant le tout, de la jurisdiction du lieu de Gajans, avec des directes et censives de six livres de rente annuelle, possede encore la jurisdiction du lieu de Saint-Nazaire des Gardies, avec les droits seigneuriaux de quinze livres de rente annuelle.

*Taxé : trente livres.*

66. — Noble Jean DE TREMOLET, seigneur de Montmoirac, habitant de la ville d'Alès, déclare qu'il jouit noblement la terre de Monmoyrac, celles de Saint-Cristol, Montvaillant et le Crouzet, relevant du seigneur comte d'Alès, ensemble le terroir de Montezes, relevant du Roy, du revenu annuel de...

*Taxé : cent cinquante livres. — N. C.*

67. — Noble Jean DE CALADON, sieur de la Caze, du lieu de Saint-Jean de Gardonnenque, déclare ne posséder aucun fief, ny biens nobles et estre cadet de sa maison.

*Deschargé, attendu sa pauvreté. — N. C.*

68. — Noble Barthelemy DE BOYERS, sieur de Camprieu, près le Vigan, déclare posséder le fief de Camprieu, en paréage avec le Roy, et celui de Reich, qui ne lui donne pas dix solz pour la justice.

*Taxé : trente livres.*

69. — S<sup>r</sup> Jacques LAPIERRE, M<sup>e</sup> app. de Sumène, Jeanne Delon, veuve de Jean Hébrard, Jeanne Hébrard, sa fille, veuve de Pierre Campredon, Marie de Guiraud, veuve de Pierre Nissolle, jouissent en commun, un petit fief au mazage de Puech et Aume, parroisse de Saint-Jullien-de-la-Nef, du revenu annuel de 49 s. 8 den.

*Taxé : trois livres.*

70. — S<sup>r</sup> Antoine SERRE, advocat de Sumène, jouit le fief de *Coste Guizard*, dans le terroir de Meyrueis, à luy engagé pour 5,500 livres, concistant en la juridiction et fonds noble, du revenu annuel de 50 livres.

*Taxé : vingt livres.*

71. — Noble François DE MALBOS, du lieu de Saint-Jean de Gardonnenque, possède le fief appelé *de Meylet*, du revenu annuel de 6 livres.

*Taxé : trente livres.*

72. — S<sup>r</sup> Jacques PELET, advocat, habitant d'Alais, possède une méterie appelée Dolranc, dans la paroisse de la Melouze, diocèse de Mende, avec toute justice et directe, laquelle méterie est ruralle, et dont il paye la taille, et pour ce qui est de la justice directe il n'en retire aucun revenu.

*Taxé : dix livres.*

73. — Noble Pierre DE SABATIER, seigneur de Leyris, jouit de quelque juridiction et directe, ez lieux de Leyris, Lafons et Le Meyrol, dont la rente annuelle se porte à dix livres, sur l'homage qu'il en rend à M. le comte d'Ales.

*Taxé : vingt livres.*

**74.** — Dame Magdeleine DE FAYN, marquise de Vésenobre, possède la terre et marquisat de Vésenobre, en toute justice, du revenu annuel de cinquante livres.

*Taxé : cent cinquante livres.*

**75.** — Noble Alexandre DE LA TOUR DE MALERARGUES, sieur de Fontanille et noble François DE LA TOUR, sieur de Mairière, frères, possèdent en commun le fief de Malerargues, du revenu de trois cens livres.

*Taxé : soixante livres pour les deux.*

**75 *bis*.** — Pierre DE FABRE, habitant de Nismes, possède une petite méterie dans le terroir de Valabregue, sujette au droit de champart, relevant du seigneur d'Aramon, auquel il paye une cense, estant la d. méterie du revenu annuel de cinq cens livres.

*Taxé : soixante livres.*

**76.** — Noble Claude DE GARNIER, seigneur de la Mélouze, possède ledit fief de la Mélouze, qu'il tient en arrière-fief du comté d'Alais, ne luy donnant au plus que 10 livres de rente annuelle.

*Taxé : trente livres.*

**77.** — Dame Claire DE LA MAMIE, veuve de noble Jacques-François d'Agulhac, seigneur de Rousson, près Alais, possède, comme tutrice de ses enfans, la haute juridiction de Rousson en paréage avec le seigneur baron d'Alais, et jouit de quelques censives dans ledit lieu, d'environ 200 livres de rente annuelle.

*N'a pas payé.*

**78.** — Sr Pierre DE LA PORTE, sieur de la Taulle, paroisse de Saint-Jean de Gardonnenque, jouit noblement le domaine de la Taulle, du revenu annuel de 50 livres, faisant homage au sieur marquis de Tornac.

*Taxé : vingt livres.*

79. — Noble Jean-Jacques DES VIGNOLLES, aveugle, seigneur de Saint-Bonnet, déclare posséder ledit lieu de Saint-Bonnet, en paréage avec le seigneur vicomte des Vignolles, luy donnant de revenu annuel la somme de 10 livres.

*Taxé : trente livres.*

80. — Noble Gabriel D'ALDIGUIER, sieur du Luc, vieux et invalide, déclare jouir d'une métairie apellée *du Luc*, sous le Causse, dans les hautes Cévennes, de très petite considération, sans en spécifier le revenu.

*Taxé : vingt livres.*

81. — Sʳ Jean DE VALAT, sieur de Lisside, de la ville de Nismes, possede la moitié du village de Lisside, l'autre moitié apartenant au sieur de la Tour, d'Aumessas, ayant quelque droit de champart et de censives dans ledit lieu, de valeur de 40 livres de rente annuelle.

*Taxé : vingt livres.*

82. — Sʳ Yzac MANOEL, sieur du Brugen, paroisse de St André de Valborgne, possede sa maison, et certains prés noblement, avec quelques directes, le tout de 10 livres de rente annuelle.

*Taxé : vingt livres.*

83. — Sʳ Antoine DE PRUNET, habitant d'Alès, possede la 4ᵉ partie de la haute, moyenne et basse juridiction de Monmoyrac, et une pièce de terre apellée *la Condamine*, et quelques autres pièces dans ladite juridiction, d'environ 8 livres de revenu annuel, ensemble quelques directes ès lieux de Tornac, Tuech, Massilargues, Lezan et Ledignan, d'environ dix sols de rente, comme aussi les deux tiers de la juridiction du lieu de Boisset, ne luy portant aucune rente.

*Taxé : cinquante livres.*

84. — S$^r$ Pierre BASTIER, marchand du lieu de Mars, vigueurie du Vigan, possede quelques petits fiefs dans la baronnie de Meyrues, Molieres et Breau, du revenu annuel de 3 livres 10 s.

*Taxé : dix livres.*

85. — Pierre SOLIER, notaire de la ville de Ganges, possede un petit fief appelé de Gourdon, dans la paroisse de St Julien, acquis du sieur de Bousiges, qui n'est d'aucun revenu.

*Taxé : cinq livres.*

86. — Noble Jean DE LA FARELLE, seigneur du Mercou, possede le fief du Mercou, et celuy de Puech Sigal, du revenu de 30 livres.

*Taxé : trente livres.*

87. — Noble Jean DE SAINT-JULLIEN de la Nef, possede ladite terre de St Jullien, en paréage avec la dame de Madières, ladite terre estant d'un très petit revenu.

*Taxé : trente livres.*

88. — Noble Jacques DE SAINT-JULLIEN, sieur de la Baume Vallunes, de la ville du Vigan, possede du chef de sa femme, en paréage avec le Roy, une portion de la justice de Ribauriers, Villemagne et la Boissière, et du mas de Coupia dans la parroisse St Sauveur de Poursil, avec les directes qui sont de valeur, compris le revenu de quelque peu de bien noble, de 25 livres, plus la directe des villages de Malbois et Damontes, de valeur de 34 livres, le tout 59 livres.

*Taxé : quarante livres.*

89. — S$^r$ Abel DE FIRMAS, sieur de Periès, habitant d'Alès, jouit de la meterie de Periers, en ariere-fief du seigneur baron d'Ales, du revenu de 60 livres.

*Taxé : vingt livres.*

90. — Marguerite NOGUIER, veuve de Claude Souveirand, sieur de St Roman, habitant du lieu de Tournac, administraresse de la personne et biens de ses enfans, possede une petite metairie appelée de St Roman, dans la paroisse de Tournac noblement, avec la juridiction par moitié et indivise, avec le sieur seigneur de Massillargues, et une petite partie de la juridiction dudit Massillargues, le tout du revenu d'environ 34 livres.

*Taxé : vingt livres.*

91. — David LAPORTE m⁰ bastier du Vigan, possede un petit fief dans le terroir dudit Vigan, du revenu d'un cetier vin, mesure dudit Vigan, de valeur de 20 sols et en argent ou avoine autres 20 sols.

*Taxé : trois livres.*

92. — Jean CORBETE, habitant d'Aulas, possede un petit fief dans la paroisse d'Arrigas de 15 livres de rente annuelle.

*Taxé : vingt livres.*

93. — Jacques RIBOT, sieur du Plan de la Favede, presentement prisonnier à Tolose, possede un petit fief qu'il tient en ariere-fief du sieur baron d'Alès, au plan de la Favede, du revenu de 30 sols.

*Taxé : trois livres.*

94. — Sʳ Jean FAGET, advocat, habitant de Vergeze, possède noblement audit lieu, une maison, terres, vignes et olivettes et dans le terroir de Codognan, une petite mettérie, dans celuy de Mus une petite ollivette, et dans celuy de Cauvisson une petite olivette et vigne, le tout du revenu annuel de 20 livres.

*Taxé : vingt livres.*

95. — Sʳ Pierre MAILLET, du lieu de Vilaret, paroisse de St André de Majeucoules, jouit noblement une pièce

qui peut porter de revenu annuel 6 livres, et d'une censive de 3 deniers sur une autre pièce.

*Taxé : dix livree.*

96. — Demoiselle Marguerite DE REBOUTIER , possède le domaine de Perjurade, avec justice, directes, dans la paroisse de St Martin de Corconac, du bien noble dans la paroisse de Sodorgues, et une pièce noble au terroir du Verdier, le tout de rente annuelle de 8 livres.

*Taxé : dix livres.*

97. — Sr François DE LA TOUR, du lieu d'Aumessas, déclare que son père avoit acquis certains fiefz qui luy sont contestés par le seigneur de Sumène, et noble Jean de Caladon, sieur de Lespinasse, pour raison desquelz il y a procès au parlement de Grenoble, de plus qu'il possède au lieu de Dourbies, certain autre fief de peu de considération, qui lui est encore contesté de la part de la dame marquise d'Alègre, et déclare qu'il n'est point noble, le revenu de 35 livres.

*Taxé : vingt livres.*

98. — Sr Antoine CAULET, sieur de Coularou, habitant de St André de Valborgne, possède noblement dans la paroisse du Vigan, un petit fief avec directe et censive du revenu de 15 livres, plus autre petit fief en la paroisse de St André, du revenu de 13 ou 14 s.

*Taxé : vingt livres.*

99. — Noble Jean DE SAURIN, seigneur de St André de Valborgne, jouit noblement son chasteau et juridiction, ensemble tous les autres droits seigneuriaux de la terre de St André, des censives et directes dans la paroisse de Vebron, St Laurent de Trebes, et St Jullien d'Arpaon, le tout du revenu de 310 livres.

*Taxé : cent livres.*

100. — S<sup>r</sup> David Petit, bourgeois d'Alés, Charles Pages, André Canonge, Jean Capdur, et hoirs de Jacques Cabanis, possèdent dans la paroisse de St Jean du Pin, le mas de Cazevielle, et devois apellé de Bezesse, du revenu de 8 livres par an.

*Taxé : vingt livres.*

101. — S<sup>a</sup> David Petit, en son particulier, possède dans la paroisse du Pin, certaines directes annuelles de 10 livres.

*Taxé : vingt livres.*

102. — S<sup>r</sup> Jean Fornier, de la ville d'Alès, possède la juridiction de la metterie appellée du Toraillon, paroisse de St Martin de Bobaux, au diocèse de Mende, avec la directe et censive de 48 livres 6 d., sur ladite metterie qui est ruralle.

*Taxé : dix livres.*

103. — S<sup>r</sup> Jacques Rocheblave, bourgeois d'Alès, possède une terre noble dans le terroir de ladite ville, du revenu de 15 livres.

*Taxé : vingt livres.*

104. — S<sup>r</sup> Antoine Caulet, du lieu de Boissieres, possède un 12<sup>e</sup> du moulin sur la riviere du Vidourle, qui luy porte annuellement 4 salmées mescle de rente.

*Taxé : vingt livres.*

105. — S<sup>r</sup> Jean Dalgues, advocat de la ville d'Anduse, possède noblement 15 cestiers de terre dans la paroisse de Cardet, ensemble quelques censes et directes, le tout portant 15 livres de rente.

*Taxé : vingt livres.*

106. — Noble Anthoine de Montolieu, seigneur de Méjannes, possede un fief de très petit revenu.

*Taxé : vingt livres.*

107. — Demoiselle Anne DE MEILET, veuve de noble Jacques de Bringuier, de St Jean de Gardonnenque, possède une partie du domaine noble de Meilet.

*Taxé : trente livres.*

108. — Sʳ Estienne CHAPTAL, marchand d'Alès, possede la moitié de la juridiction de Larnac, avec une maison et terres nobles, ensemble certaines directes, le tout du revenu d'environ 100 livres.

*Taxé : vingt livres.*

109. — Demoiselle Jeanne DE FALGUEROLLES, veuve de maitre Peredes, notaire de St Jean de Gardonnenque, possède certain bien noble, du revenu de 3 livres.

*Taxé : vingt livres.*

110. — Noble Guillaume DE LA ROQUE, habitant au château de Liouc, seneschaussée de Montpellier, administrateur de la personne et biens de Jeanne de la Roque, sa fille, jouit un domaine noble apellé *du Bussas*, un devois de pesche, quelques censives et directes dans la paroisse de St Martin de Corconac, diocèse de Nismes, le tout de 100 livres de rente.

*Taxé : quarante livres.*

111. — Sʳ Paul DE MALBOIS, sieur des Crozes, du lieu d'Aumessas, possede du chef de Leonord de Caladon, sa femme, quelques directes dans les paroisses d'Aumessas, de Dorbie, de Bez, d'Alzon, et d'Arrigas, le tout de 20 livres de rente.

*Taxé : vingt livres.*

112. — Noble Jacques DE LA CROIX, sieur de Cassagnolles, possede quelques directes en justice, de cent livres de rente, ensemble deux pièces au lieu de Vagnas, de 8 liv. de rente.

*Il doit servir en personne.*

113. — Jean-Jacques Deleuze, habitant d'Alès, possede la terre et juridiction de Liquière, de cent livres de rente.

*Taxé : trente livres.*

114. — Sʳ Téodore Rousset, marchant de St André de Valborgue, possede noblement un petit chastenet, appellé *de Carriere*, du revenu de 7 livres.

*Taxé : dix livres.*

115. — Sʳ André Coste, du lieu de la Salle, possede certain fief et censives, dans ladite paroisse, du revenu de 30 sols.

*Taxé : trois livres.*

116. — Demoiselle Marie de Fielval, de St André de Magencoules, possede la juridiction et directe du terroir de Leuziere, et ses dependances, dans la paroisse N.-D. de la Rouviere, de 20 livres de rente.

*Taxé : vingt livres.*

117. — Sʳ Estienne Parlongue, notaire du Bréau, près le Vigan, possede les quartes et quintes, qu'il prend au huitain des fruits, sur une enclave de terre et mas, appellé *de Perorines*, paroisse de Blandas, ensemble, une cense de quatre cestiers avoine, le poulverage d'un fromage, et 13 sols argent.

*Taxé cinquante livres. — Modéré à 20 livres par ordonnance du 10ᵉ may 1689.*

118. — Sʳ Antoine de Manoel, sieur d'Algues, advocat du lieu de la Sale, possede certaines directes et censives, dans les paroisses de la Sale, Colohnac, Sadorgues et St Bonnet, le tout d'environ 30 livres de revenu.

*Taxé : vingt livres.*

119. — Sʳ Antoine Mourgues, habitant en sa maison Delmas, parroisse de St Marcel de Fonsfonillouse, declare

posseder la juridiction de sa maison et certaines pieces et dependances qu'il dit ne porter aucun revenu.

*Taxé : dix livres.*

120. — S<sup>r</sup> Elie Salvaire, sieur de Cizaliere, juge de St Jean de Gardonnenque, possede quelques directes, de valeur de 10 livres.

*Taxé : vingt livres.*

121. — S<sup>r</sup> Jean Ollivier, lieutenant en la juridiction royalle de Meyrueis, jouit noblement, dans la paroisse de Gatuzieres, une directe de 20 livres de rente.

*Taxé : vingt livres.*

122. — Noble Claude de Rovérié, sieur de Cabrières, déclare avoir fait remission du fidei-comis de sa terre et maison, à sieur Jean-Louis de Rovérié, chanoine en l'esglise cathedralle de ceste ville, son filz, estant incommode et inhabile.

*Taxé : vingt livres.*

123. — Noble Jean-Louis de Rovérié, sieur de Cabrières, chanoine de Nismes, déclare jouir en toute justice le lieu de Cabrières, qui lui porte de revenu deux livres.

*Taxé : vingt livres.*

124. — Noble Jean-Louis de Rovérié de Tremons, prieur de St Geniès, et seigneur de Poulz, jouit en toute justice le dit lieu de Poulz, laquelle terre ne luy vaut que 15 solz de cense anuelle.

*Taxé : vingt livres.*

125. — S<sup>r</sup> Antoine Poustoly, controlleur au grenier à sél de ceste ville, possede noblement une petite metterie, dans la paroisse d'Aubord, appelée *Plan Dupin*, contenant environ cinquante salmées de terre de 110 livres de revenu anuel.

*Taxé : trente livres.*

126. — S$^r$ Jean GAUTIER, habitant de Sodorgues, possede une meterie, appelée *du Rocou*, en toute justice, sans aucun revenu, les fonds estant ruraux.

*Taxé : dix livres.*

127. — Noble Antoine DE SAINT JULLIAN, du lieu de Sumène ne jouit aucuns fiefs, n'ayant que sa qualité de noble.

*Taxé : vingt livres.*

128. — S$^r$ David CABANEL, marchant de Meyrueis, déclare qu'il est engagiste d'un fief, directes et censives que le sieur de Cazenove avoit dans la paroisse d'Ure, du revenu anuel de 7 livres.

*Taxé : dix livres.*

129. — S$^r$ Henri GIBERT, médecin d'Alès, possède la juridiction de la maison et domaine qu'il a au lieu de Mazan, ensemble quelque directe au lieu de St Auban, le tout de 6 livres de rente.

*Taxé : vingt livres.*

130. — S$^r$ Simon CLARIS, bourgeois de Canaules, possède en toute justice la juridiction de Canaules, où il y a quelque petit fief, le tout du revenu anuel de 100 livres.

*Taxé : quarante livres.*

131. — S$^r$ Pierre MAYSTRE, bourgeois de Bréau, possède un petit fief dans le lieu d'Esparron, de 5 livres de rente.

*Taxé : dix livres.*

132. — Demoiselle Marguerite DE FAISSES, habitante de Sodorgues, possède noblement la Tour de Peire, et autres pièces en dependans, plus une pièce appelée *de Cabanis*, de 8 livres de rente, plus quelques directes et censives au masage de la Fabrègue, de 2 livres 10 sols de revenu, et au mas de Verdier et de la Coutelle des censives, d'une livre 10 sols.

*Taxé : vingt livres.*

133. — S^r Charles Aigoin, du lieu de Sumène, possède la moitié du droit de leude, dans le dit lieu et autres fiefs et arrière-fiefs, sous la redevance d'un homme à pied, lors de la convocation du ban et arrière-ban, conjointement avec le sieur du Caillard, de 50 livres de revenu pour la moitié du dit droit.

*Taxé : cinquante livres.*

134. — Noble Antoine d'Assas, sieur du Puget Champfort, habitant du Vigan tient en fief-franc le vilage de la Hierle, dans la paroisse de St Marcel de Fonsfoullouse, avec toute juridiction, du revenu de 25 livres, ensemble la juridiction du masage d'Ardalleres, de 18 livres de revenu anuel, le tout revenant à 43 livres.

*Doit servir en personne.*

135. — Noble François-Pierre de Petit de Vidal, sieur de Generargues, déclare que la terre de Generargues, une portion du salin de Pecais, ensemble un tiers de la juridiction du Bonisset luy appartenant, ont esté saisis à l'instance du sieur Prunet, de Bouisset, et que tous les susd. fiefs ne sont pas du revenu de deux pistoles.

*Taxé : trente livres*

136. — Demoiselle Marie de Fesquet, habitante d'Anduse, possède la juridiction pure et simple du mas de la Blaqnière et de Baucel, sans directe ny revenu, et quelle est roturière.

*Taxé : dix livres.*

137. — S^r Jean Sabatier, habitant de Sommières, mary de damoiselle Suzanne de Cazalet, déclare posséder du chef de sa fame, la terre de St Benezet, consistant en la moitié de la juridiction, ensemble quelque bien noble au dit lieu, le tout de revenu de 200 livres.

*Taxé : quarante livres.*

138. — S<sup>r</sup> François Valat, habitant de Roquefeuil, diocèse de Vabres, possède deux petites pièces au terroir de la ville de Meirueis, apellé *le Montblanc*, du revenu annuel de 20 livres.

*Taxé : vingt livres.*

139. — Noble Pierre de Gibelin, du Vilard, sieur de la Pinière, habitant de Mialet, près Anduze, n'a aucun fief et ne possède que sa qualité de noble.

*Deschargé à cause de sa pauvreté.*

140. — Damoiselle Marie de Gaude, veuve de noble Pierre Bonaud, bourgeois de Nismes, possède deux censes de 15 deniers chacune, une autre de 2 sols 6 deniers et qu'elle jouit dans l'enclos des Arènes, 20 canes de maison noble, laquelle sert de cense au sieur de Trimond, 20 livres, ne déclarant point le revenu d'icelle.

*Taxé : dix livres.*

141. — Noble François de Ginestous, seigneur de Montdardier, ne déclare point les fiefs qu'il possède, mais seulement qu'il a fait donation de ses biens à noble François d'Assas, seigneur de Ferrières, son beau fils, en faveur de son mariage avec damoiselle Anne de Ginestous, sa fille, sous la réserve de 500 livres d'un costé, et de 400 livres de pention annuelle de l'autre.

*Taxé : trente livres.*

142. — Noble Louis Maistre, sieur de Toiras, habitant du dit lieu, déclare que la terre de Toiras luy a esté décrétée par le sieur Roquier, de Paris, et qu'il ne jouit point de la dite terre, pour laquelle il est en procès avec ledict Roquier, et sur laquelle il prétend luy estre deub 21.000 livres.

*Deschargé attendu sa pauvreté.*

143. — Noble Louis de Beauxhostes, escuier, seigneur

du Pous, d'Agel et de Pardaillan, habitant à Valence en Dauphiné, possède deux maisons, l'une appelée *Scauve*, et l'autre *Champfagot*, avec la seigneurie d'un ténement apellé *Mombrouchet*, ou il a toute justice, pouvant en tout porter 50 livres de revenu ; il jouit dans la paroisse de Meyres, Meyras et Valz quelques pièces nobles, de rente de 30 livres en tout.

*Taxé : quarante livres. — Deschargé par ordre de l'intendant.*

144. — Noble François d'HORTET, sieur de Lespigarié, demeurant au Vigan, déclare qu'il ne possède aucun fief, ni biens nobles.

*Taxé : vingt livres.*

145. — Antoine LAUZE, du lieu de Vermeil, paroisse de Ribaute, declare que les auteurs de Claudine Savin, sa mère, et luy aussi, font de redevance au seigneur de Ribaute, pour quelque bien noble qu'ils ont au dit Vermeil, qui ne leur porte pas 10 livres de rente, qu'il est âgé de 60 ans et a 7 enfans en bas aage, et que son feu père a payé trois taxes dont il rapporte les quitances, lesquelles ne se montent que 1 livre 1 denier en tout.

*Deschargé.*

146. — David MALZAC, sieur de Soleirol, paroisse de Pompidou, jouit de la metterie de Soleirol, avec la juridiction haute, moyenne et basse, sous arrière fief du seigneur de la Fare, luy portant de revenu environ 80 livres.

*Taxé : vingt livres.*

147. — Me Charles MAGNE, chanoine en l'église cathédrale de Nismes, jouit noblement une terre située à la Tour l'Evèque, d'environ dix salmées de terre, dont le revenu est de 40 livres.

*Taxé : vingt livres.*

148, 149 et 150. — Isaac Moulines, Pierre Girbe et Jean-André Girard, de la Salle. Quelques censives seulement.

*Taxés : onze livres.*

151. — Pierre d'Aubanel, sieur de St Martin de Corconac, habitant au dit lieu, possède une petite portion de la juridiction dudit St Martin, et quelques fonds nobles, tant audit lieu, qu'à celui de Sodorgues, du revenu de 12 livres.

*Taxé : vingt livres.*

152. — Noble Germain de Roys, habitant de Beaucaire, tuteur de noble Joseph de Roys, sieur de St Michel, ledit Germain inhabile à cause de ses indispositions, le fief de St Michel qu'il possède en qualité de tuteur est du revenu de 600 livres, suivant la déclaration des consuls de Beaucaire.

*Taxé : vingt livres sur le tuteur, et 80 livres sur le pupille, attendu son fief.*

153. — Noble Pierre de Bane, sieur de Cabiac, ancien conseiller au presidial de Nismes, possede la juridiction haute, moyenne et basse d'une metairie roturiere appelée Valsegane sans revenu.

*Taxé : vingt livres.*

154. — Noble Jean Denys de Pelet, sieur de Cannes, de la ville de Beauaire, âgé de 32 ans, inhabile à cause de ses indispositions, n'a point de fiefs.

*Taxé : vingt livres.*

155. — François Domergue, bourgeois d'Alès, possede un fief au terroir de St Florent, appellé Fueilhandrieu, du revenu de dix livres.

*Taxé : vingt livres.*

156. — Noble Henry DE LEYRIS, sieur de Corniaret, demeurant a Genolhac, diocèse d'Uzès, n'a point de fiefs.

*Couché par erreur.*

157. — Noble Anthoine DE LA TAILLADE, demeurant à Alez, inhabile à cause de son aage de 66 ans, n'a point de fiefs.

*Deschargé attendu sa pauvreté.*

158. — Le sieur Jacques DEYDIER, de Nismes, faisant profession des armes et vivant noblement n'a point de fiefs.

*Taxé : vingt livres.*

159. — Le sieur Estienne DE LEUZIÈRE, seigneur de Mondonet, de St Jean de Gardonnenque, inhabile à cauze de son aage de 70 ans, possede la justice de Mondonet, avec la directe du revenu de six livres.

*Taxé : vingt livres.*

160, 161, 162. — Rostang SARAZIN, Pierre DU FESC et Anthoine DU FESC, de Langlade, possedant plusieurs terres nobles, sont *taxés en tout : six livres.*

163. — Noble Charles DE CALVIERE, ancien juge criminel, possede deux maisons censives et fonds au terroir de Marguerites, sans en specifier le revenu.

*Taxé : cinquante livres.*

164. — Noble Louys DE CHIAVARY, demeurant à Beaucaire, n'a point de fiefs.

*Taxé : dix livres.*

165. — Noble Jean-Louis DE LATIS, sieur d'Entraigues, demeurant à Beaucaire, n'a point de fiefs.

*Taxé : vingt livres.*

166. — Noble Denis DE LONG, de Beaucaire, n'a point de fiefs.

*Taxé : vingt livres.*

167. — Noble Henry Roger, de Beaucaire, aagé de 27 ans n'a point de fiefs.

*N'a pas payé.*

168. — Noble Armand René d'Aurivilier, sieur de St Montant, de Beaucaire, n'a point de fiefs.

*Taxé : vingt livres.*

169. — Noble François de Caladon, de Breau, paroisse d'Aulas, possede un arrière fief dans le dit lieu de Breau, relevant du sieur comte de Vissec, du revenu de 30 livres.

*Taxé : trente livres.*

170. — Noble Jacques de Roys, de Beaucaire, aagé de 31 ans, marié, n'a point de fiefs.

*Taxé : vingt livres.*

171. — Noble Jean de Roger, de Beaucaire, aagé de 35 ans, marié, n'a point de fiefs.

*N'a pas payé.*

172. — Le sieur Jean Pilet, de Beaucaire, aagé de 40 ans, a servi, fait profession des armes et vit noblement.

*Couché double par erreur.*

173. — Noble Pierre d'Olivier, sieur du Merlet, de la ville d'Anduze, possède les fiefs du Merlet, Reynaldes et Font Pradelles, le tout du revenu de 60 livres.

*Taxé : quarante livres.*

174. — Noble Anthoine des Vignoles, sieur de Montvaillant, demeurant à St Jean de Gardonnenque, possède le fief dudit St Jean en toute justice, celuy de Montvaillant, aussi en toute justice, un pred noble appellé Cavalade, un fief à Lezan et deux autres petits fiefs d'une métairie appellée la Bastide, le tout du revenu de 1400 livres.

*Taxé : cent cinquante livres.*

175. — Noble Marc DE LA FARE, sieur de Gaujac, de la ville d'Alez, n'a point de fiefs.

*Taxé : cinquante livres.*

176. — Noble Joseph D'ARNAUD, de Beaucaire, âgé de quarante ans, n'a point de fiefs.

*Taxé : vingt livres.*

177. — Noble François DE LA TOUR, baron de Malerargues, possède les fiefs de Monts, Vaquières, Saint-Just et autres, dont il n'a pas déclaré les revenus parce qu'il avait offert de servir.

*Taxé : cent cinquante livres.*

178. — Noble Jean DE SUJOL, du lieu de Lanuejols, possède la moitié de la justice de Lanuejols, sans revenu, la conseigneurie de Vebron et une directe à Meyrueis, le tout de 36 livres de revenu.

*Taxé : trente livres.*

179. — Sr Jacques LIRON D'EYROLES (Airoles), du Vigau, possède le fief de Peyregrosse de 4 livres de revenu, un arrière-fief à la Rouvière, du revenu de 10 livres, et un autre fief à Eyroles, du revenu de vingt livres, tout ledit revenu se portant à 34 livres.

*Taxé : vingt livres.*

180. — Noble Louys DE GENAS, sieur de Beauvoisin, demeurant audit lieu, possède le fief de Beauvoisin, du revenu de 300 livres, et une portion du fief de Saint-Estienne de Valfrancesque, du revenu de 120 livres, le tout 420 livres.

*Taxé : cent cinquante livres.*

181. — Noble Louys DE VALETTE, sieur de Cardet, possède le fief de Cardet, sous le service personnel, du revenu de 300 livres, la moitié de la haute justice de Lézan, et

un quart de la moyenne et basse, de 20 livres de revenu,
le tout 320 livres.

*Taxé : cent cinquante livres.*

182. – S<sup>r</sup> Aymard DE MANOEL, de St André de Valborgne aagé de 56 ans, possede un fief au dit lieu, du revenu de huict livres.

*Taxé : vingt livres.*

183. — Noble Heral DU PONT, sieur d'Espinasson, Meyrueis, a declaré que tout son bien estoit saizi, à cause de la fuicte de son père hors du royaulme.

*Saizi.*

184. — Noble Jacques DE BERARD DE MALAVAS, de la ville d'Alez, n'a point de fiefs.

*Taxé : vingt livres.*

185. — Noble Levy DU PONT, d'Aumessas, aagé de 80 ans, n'a point de fiefs.

*Taxé : vingt livres.*

186. — Noble Jean DE VISSEC, d'Aumessas, n'a point de fiefs.

*Deschargé, attendu sa pauvreté.*

187. — Sieurs Charles et Jean BRUNEL, frères, de la ville d'Anduze, ont tous deux servi, vivent noblement, font profession des armes, et n'ont point de fiefs.

*Taxé : vingt livres chacun.*

188. — Noble François D'ESCOMBIÈS, de Nismes, n'a point de fiefs.

*Taxé : vingt livres.*

189. — Noble Charles DE BÉRARD, sieur de Chambon, du lieu de St Bonnet, possede une terre noble d'environ quatre salmées, dont il n'a pas especifié la situation ny le revenu.

*Deschargé attendu sa pauvreté.*

190. — Noéle Louys DES HOURS, juge ordinaire d'Alez, possede les fiefs de Mandajors et de Cauvas, dont il n'a pas especifié le revenu ; depuis il a dit qu'ils reviennent à 20 livres.

*Taxé : trente livres.*

*M. de Basville a écrit de ne pas demander cette taxe.*

191. — S<sup>r</sup> Jean PORTAL, de la ville d'Anduze, ancien capitaine, aagé de 65 ans, portant les armes et vivant noblement n'a point de fiefs.

*Taxé : dix livres.*

192. — Noble François d'ASSAS de Chamfort, habitant de St André de Magencoules, possede la seigneurie du mas Gibert d'Ardeliers, parroisse de Valleraugues, du revenu de 30 livres, en censives.

*Taxé : trente livres.*

193. — Noble Anthoine DE LA TALHAY, natif d'Arles, demeurant à Beaucaire, n'a point de fiefs.

*Taxé : vingt livres :*

194. — Noble Jean-Baptiste GIBELIN, du Vilard, paroisse de Mialet, possede la terre du Villard, en Gevaudan, du revenu de 330 livres.

*Taxé : cinquante livres.*

195. — Dame Jeanne de CLAUSEL, veuve de noble Baltazard de Nattes, seigneur de Mialet, possède la terre et seigneurie de Mialet, avec justice haute, moyenne et basse, y ayant divers uzages qu'elle n'a pas déclarés, et quelque fonds qu'elle dit estre du revenu de 10 livres.

*Taxé : trente livres.*

196. — Jean BASTIER, habitant du masage des Campels, paroisse de Montdardier, possede des droits seigneuriaux dans le dit masage du revenu de 15 livres.

*Taxé : vingt livres.*

197. — Noble Jean-Louis MARTIN, seigneur de la terre d'Auzières, possede 25 salmées de terre, à présent hermes, au terroir de Fourniguet, dont il ne dit pas le revenu, et a demandé un délai pour remettre un denombrement précis de ce qu'il possede noblement.

*Taxé : Trente livres.*

198. — Dame Bernardine DE GALLIÈRE, dame de Segreville et du Mas-Aribal, demeurant à Sommières, possede en toute justice un château et quelques terres nobles dans le lieu du Mas-Aribal, paroisse de Pompidou, ledit fief et directes tant au dit lieu du Mas-Aribal qu'à ceux de Malataverne et Mezaoux, dont elle n'a pas déclaré le revenu, et proteste qu'elle a fait donation au sieur de Gallière son nepveu, garde du Roi, laquelle donation a esté par elle faite sous la reserve des fruitz.

*Taxé : trente livres.*

199, 200, 201. — Louis GRAS et Claude ROQUEBLAVE, de Langlade, Jeanne DE FESQUET veuve de François Chabrier, de Caveirac, possesseurs de pièces nobles, du revenu total de 6 livres 15 sols.

*Taxés : 8 livres.*

202. — Mᵉ SERVAS, advocat de Nismes, possède une olivette noble, au terroir de Langlade, du revenu de 30 sols.

*Taxé : trois livres.*

203 à 206. — Pierre DU FESC, et hoirs de Daniel DU FESC, de Langlade, Antoinette MARIGNAGUE, veuve de Jacques FABRE, Pierre ROZIER, du lieu de St Dionisy, possèdent des pièces nobles, du revenu de 9 livres.

*Taxé : 9 livres.*

207. — Noble Jean-François DE FALGUIERES, de la Ca-

nourgue, possède un fief dans la baronie de Meyrueis, appellé *les Viales la Marsale*, du revenu de 60 livres.

*Taxé : trente livres.*

208. — Noble Jacques D'AUDIBERT, de St Jean de Maruejols, n'a point de fiefs.

*Taxé : vingt livres.*

209. — Noble François D'OLON, de Ners, n'a point de fiefs.

*Taxé : vingt livres.*

210. — Jean RAZAL, de Caveirac, possède une terre noble au terroir de Langlade, du revenu de 10 sols.

*Taxé : vingt sols.*

Du 28e avril 1689, de relevée :

211. — Demoiselle Isabeau D'ASSAS, du lieu de St Martin de Corconac, possede la juridiction de sa maison, et de partie dudit lieu, avec quelque peu de bien noble en iceluy, et au lieu de Sodorgues, 10 livres de revenu, et outre ce quelques directes auxdits lieux, de 8 livres de revenu, en tout 18 livres.

*Taxé : vingt livres.*

212. — Jean LEYRIS, d'Alez, possède la jurisdiction basse d'une métairie appellée *la Cersevade*, dans la paroisse de de St Paul, qu'il dit avoir esté acquise, en 1615, pour le prix de 50 livres, et ne luy est d'aucun revenu.

*Taxé : trois livres.*

213. — Me Estienne MATHIEU, conseiller du roy et lieutenant particulier en la senechaussée siège présidial de Nismes, possede une terre noble dans le terroir et juridiction de Boucoiran, d'environ 20 livres de revenu.

*Couché par erreur.*

214. — Noble Charles René DE MOYNIER, baron de

Fourques, possede la seigneurie de Fourques, du revenu de 1200 livres, et 100 salmées de terre noble faisant partie de la metairie de Soliers, située au terroir dudit lieu de Fourques, le tout du revenu de 2000 livres.

*Taxé : cent cinquante livres ; n'a point payé.*

215. — M⁰ Jean CAFFAREL, advocat de Nismes, possede la justice moyenne et basse de la terre de Merignargues, laquelle n'est d'aucun revenu et se trouve comprise dans la distribution des biens du dit Caffarel, lequel est actuellement en prison pour ses dettes.

*Deschargé à cause de sa pauvreté.*

216. — M⁰ François GRAVEROL, advocat, possede une piece de terre noble, au terroir de St Dionisi, du revenu de 2 livres, et deux petites directes audit lieu, dont il n'a pas exprimé la valeur.

*Taxé : dix livres.*

217. — Noble Jean DE LA VALETTE, sieur de Stelle demeurant en Rouergue, possede un fief au mas de Stelle, parroisse d'Arrigas, du revenu de six livres.

*Taxé : dix livres.*

218. — M⁰ Pierre BERLHIE, advocat de Calvisson, possede une piece de terre noble, au terroir de Langlade, du revenu de dix sols.

*Taxé une livre. :*

— Du 5⁰ may 1689.

219. — Noble Joseph-Philibert DE FRESSIEU, de Beaucaire, possede quarante salmées de terre nobles, appelées *Pebrieres*, situées au terroir de Fourques, qu'il dit estre de peu de valeur et du revenu seulement de 40 livres.

*N'a pas payé.*

220. — Isaac FAVÈDE, d'Alais, possède une cense, avec

directe de deux cannes huile, sur une terre, du revenu de
5 livres.

*Taxé : cinq livres.*

221. — Les enfans pupilles de feu noble Anthoine DE
LANGLADE, conseigneur de Clarensac, disent estre pauvres
et chargés de debtes, possédant la moitié de la jurisdiction dudit lieu de Clarensac, à la réserve d'un neuviesme
et du tiers d'un neuviesme, et quelques fonds nobles au
terroir dudit lieu, du revenu de 200 livres.

*Taxé : vingt livres, attendu leur estat.*

222. — Damoiselle Elizabeth PANACIERE, veuve et héri-
tière de Jean Teissier, bourgeois de Tarascon, possède
noblement trente salmées, six émines terre dans l'isle
du Grand Castelet, et trois salmées au Montillet, du revenu
de 300 livres, plus deux salmées six cesterées, terre noble
au terroir de Valabrègue. du revenu de 30 livres, le tout
330 livres.

*Taxé : cinquante livres.*

223. — Jeanne CAMBON, veuve du sieur Lapierre, de Valeraugue, possède un fief sur les habitans de Monteils et
Mas Soteyran, du revenu de cinq cartes segle.

*Taxé : cinq livres.*

224 à 226. — François FOULC, Catherine BÉCHARD,
Charles AUDEMAR, tous trois de Langlade, possèdent des
terres nobles, d'un revenu de 25 sols.

*Taxé : une livre.*

227. — Jacques DEMISSOLS, procureur, possède noblement une partie de sa maison située en la ville de Nismes,
du revenu de 8 livres.

*Taxé : huict livres.*

228. — Le sieur CARCENAT, bourgeois de Nismes,

possède noblement sa maison, du revenu de cinquante livres.

*Taxé : dix livres, attendu son estat.*

229 à 231. — Guil. BOUDIER, Anthoine PUECH, Jean AU-DOYER, bailhe de Codognan, possedent des petites pieces de terre nobles du revenu de 4 livres.

*Taxé : quatre livres.*

232 à 235. — Louis GAUTIER, Jacques et Simon SOUBI-RAN, André BORDARIER, de St Jean de Gardonneuque, possedent des pieces de terre nobles, du revenu de dix livres, dix-huit sols.

*Taxé : treize livres.*

236. — Louis LARNAC, de Manduel, possede un pré noble, terroir de Bellegarde du revenu de vingt livres.

*Taxé : dix livres.*

*Du 10ᵉ may 1689.*

237 à 244. — Pierre CASTAN, Judith REYNAUD, André PAUL, Isaac SERVIERE, Pierre BRUGUIÈRE, Anthoine CAS-TAN, Elie GILLY, François BRUGUIER, des lieux de St Dionisy et de St Cosme possedent de petites pieces de terre nobles du revenu de 15 livres.

*Taxé : dix-sept livres.*

245. — Sʳ Raymond Pierre DE SUJET, du lieu de Lan-glade, possede noblement un mollin à vent, et sept petites pieces de terre, au terroir dudit lieu, du revenu de quarante livres.

*Taxé : vingt livres.*

246. — Noble Charles DE CAMBIS, cy-devant doyen d'A lais, possede une piece de terre noble, du terroir de Brouzene, du revenu de 30 livres.

*Taxé : vingt livres.*

247 à 254. — Charles ROLAND, de Clareusse, Mathieu MEYNADIER, Jean MOURET, Jacques GUIRARD, Jacques PELISSIER, Claude TONDUT, Claude COMBE, Jean MOURET, tous de Caveirac, possedent de petites terres nobles du revenu de 31 livres.

*Taxé : trente livres.*

255. — Demoiselle Catherine CAMBON, veuve de François Lapierre, notaire de Valeraugue, possede par decret, sur le sieur de Marcou, pour raison duquel il y a instance pendante au seneschal de Nismes, une cense au terroir de Monteils, de quatre cartes seigle.

*Taxé : deux livres.*

256. — Demoiselle Philipe RANNOISE, veuve de sieur Hector, habitant de Nismes, possede une vigne noble de quatre cesterées, au terroir de Vergeses, du revenu de 3 livres.

*Taxé : trois livres.*

257. — Demoiselle Marie ROGIER, veuve du sieur Bruneton, de Vergeze, possede une piece de terre noble audit lieu, de conténement de dix cestereés, du revenu de 12 livres.

*Deschargé, attendu sa pauvreté.*

258. — Sr Charles DE GONTÈS, bachelier ez-droits, du lieu d'Alzon, possede des directes dans l'estendue du consulat du dit Alzon, du revenu de 14 livres.

*Taxé : vingt livres.*

*Du 23ᵉ May 1689.*

259. — Le sieur Fulcrand FOBY et Jean DE PEYRE, du village de Lagoute, paroisse d'Alzon, possedent quelques directes audit lieu du revenu de cinq livres.

*Taxé : huict livres.*

260. — M⁀ Isaac Rodier, advocat d'Anduze, possede quelques censives au terroir du dit Anduze, du revenu de trente sols.

*Taxé : deux livres.*

261. — Jean Fabre, M⁀ apothicaire de Vergèses, possede noblement sept pièces de terre, au terroir du dit lieu, du revenu de 15 livres.

*Taxé : vingt livres.*

262. — Noble Moyse DE VISSEC, sieur de Belveze, du lieu d'Aumessas, jouit noblement d'undroit de champart dans la parroisse d'Alzon, du revenu de 16 livres.

*Taxé : trente livres.*

263 à 265. — Anthonie MERCIER, Pierre DURAND et Anthonie RICHARD, du lieu de Clarensac possèdent deux maisons et une vigne, au terroir dudit lieu, du revenu de 6 livres[1].

---

[1] Le total des taxes s'est élevé à 5890 livres.

Le lecteur sera très étonné de ne pas rencontrer dans cet *État de taxes* le nom de plusieurs familles nobles du Bas-Languedoc, maintenues en 1668 et 1669 ; cette omission provient de ce que leurs représentants servaient, en 1689, dans les armées, et étaient exempts par conséquent des taxes imposées sur les biens nobles.

**FIN**

---

Vannes. — Imprimerie LAFOLYE, 2, place des Lices

www.ingramcontent.com/pod-product-compliance
Lightning Source LLC
LaVergne TN
LVHW012103030726